Martina Dannheimer

1 Tag in Dresden –
Martinas Kurztrip zu Zwinger,
Semperoper und Striezelmarkt

Bibliografische Information der Deutschen Nationalbibliothek:

Die Deutsche Nationalbibliothek verzeichnet diese Publikation in der Deutschen Nationalbibliografie; detaillierte bibliografische Daten sind im Internet über http://dnb.d-nb.de abrufbar.

Impressum:

Lektorat: Caroline Schnitzer, Peter Schmid-Meil

Copyright © 2013 GRIN & Travel

Ein Imprint der GRIN Verlag GmbH

travel.grin.com

Die Lust an Städtereisen

„Nicht nur lange Reisen bringen Spaß", das ist das Motto, nach dem ich lebe und meine Reiselust stille. Mit meinen Berichten „1 Tag in …" möchte ich zu Kurztrips inspirieren, aufzeigen, was man alles an einem Tag erleben kann, oder einfach nur unterhalten. Für alle, die es auch einmal versuchen möchten, wenig Zeit zum Reisen haben oder deren Geldbeutel – wie meiner – nicht endlos gefüllt ist, gibt es jede Menge Tipps und Karten zum „Nachmachen".

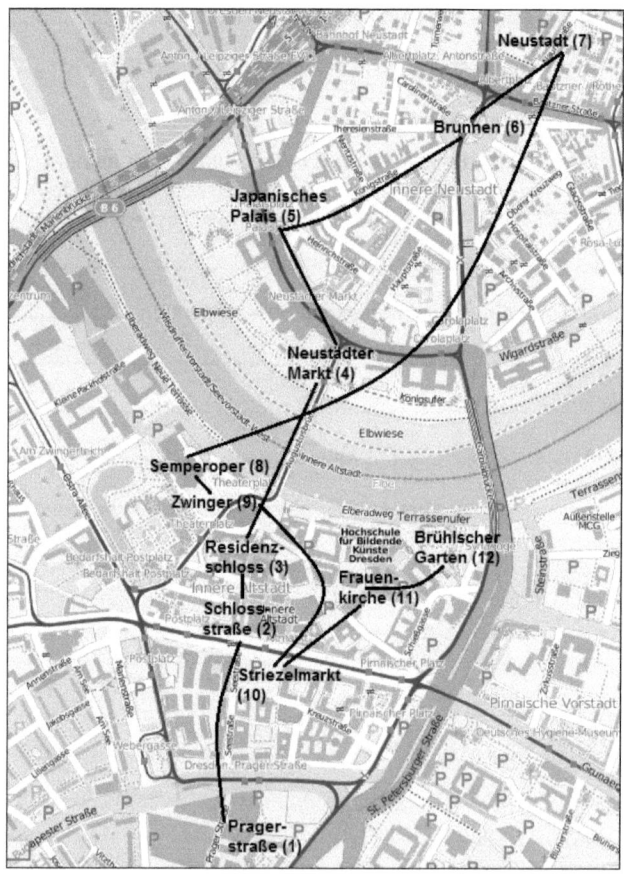

Dresden-Route. Quelle: OpenStreetMap und Mitwirkende, CC BY-SA

Im Bann des Residenzschlosses

Die Prager Straße – ein Shop nach dem anderen

Da war ich gerade mal fünf Minuten in Dresden und hatte schon eine Lieblingsstraße! Auf der Prager Straße (1) reiht sich nämlich ein Shop an den anderen – ganz nach meinem Geschmack. Ich überlegte kurz, ob ich mein Programm an diesem Wintertag ändern sollte, verwarf diesen unvernünftigen Gedanken jedoch gleich wieder. Neben der verführerischen und zugleich architektonisch reizvollen Einkaufsstraße, hat Dresden doch noch einiges mehr zu bieten. Und das alles an einem Tag zu erkunden, war ohnehin fast unmöglich. Also riss ich mich zusammen und spazierte weiter Richtung Altstadt.

Spazieren trifft es in der Tat am besten, denn ich kam nur schleppend voran. Was NICHT daran lag, dass ich an jedem zweiten Schaufenster stehenblieb, sondern daran, dass ich mich in einem steten Pulk aus Menschen fortbewegen musste. In Dresden fand gerade der Striezelmarkt statt, und irgendwie schien die halbe Welt genau dort hin zu schlendern. Aber da ich ein Innenstadtgestählter Mensch bin, gingen die Strapazen spurlos an mir vorüber, und ich stand schließlich mit breitem Grinsen in der Schlossstraße (2).

Immer eine Verlockung – der Striezelmarkt

Das Residenzschloss – einfach imposant

Wunderschöne Häuser säumen diese Straße, zu meiner Linken bestaunte ich das Residenzschloss (3). Ich betrat neugierig den Innenhof und bewunderte die Decke und sämtliche Wandbilder. Mehr noch: In diesem imposanten Gebäude, einst die Machtzentrale Dresdens, sind unter anderem das Münzkabinett, die englische Treppe und die Fürstengalerie beheimatet.

Der angenehme Nebeneffekt dieser Kurzvisite: Meine Hände waren wieder aufgetaut. Ich war der eisigen Kälte und dem Wind dieses Tages für kurze Zeit entkommen. Der wundervolle wolkenlose Himmel war aber Lohn genug für meine Frostbeulen. Bevor ich durch das Schlosstor schritt, warf ich noch einen kurzen Blick in den Stallhof und stand schließlich vor König Friedrich August I. von Sachsen. Zumindest prangte seine Statue vor mir auf dem Schlossplatz.

König Friedrich August I. auf dem Schlossplatz

Unter seiner Hoheit sind vier Figuren postiert, die für Gerechtigkeit, Frömmigkeit, Milde und Weisheit stehen. Dazu entdeckte ich den folgenden Spruch: „Denn ewiglich wird er nicht wanken. Der Nachruhm des Gerechten bleibt ewig". Kurz dachte ich darüber nach, ließ mich jedoch schnell von entzückenden Vierbeinern nebenan ablenken. Die beiden Schimmel vor ihrer Kutsche zwangen mich förmlich zum Einsteigen. „Nee", appellierte ich an mich selbst, *„die romantische Kutschfahrt durch die sächsische Hauptstadt hebe ich mir auf."* Es bestand ja immerhin der Hauch einer Chance, irgendwann auch mal in Begleitung hierher zu reisen.

Die Kutschfahrt hob ich mir für meinen nächsten Besuch auf –
dann ja vielleicht mit Begleitung.

An diesem Tag mussten mich meine eigenen zwei Beine tragen und zwar als Nächstes über die Augustusbrücke. Anscheinend wirkte ich dermaßen ortskundig, dass ich gleich nach dem Weg gefragt wurde. Ich bedauerte ehrlich, nicht weiterhelfen zu können. Die Information, dass ich keine Einheimische war, erübrigte sich dank meines leichten Allgäu-Slangs immerhin.

Sehenswertes auf dem Weg in die Neustadt

Über die Augustusbrücke zum Neustädter Markt

Hach, ich holte tief Luft. Und gleich noch zweimal. Die Aussicht von der Brücke musste ich mir rundum einverleiben. Besonders toll fand ich, dass ich meinem Lieblingsfluss, der Elbe, einmal außerhalb von Hamburg frönen konnte. Doch allzu langes Stehen, insbesondere an einem zugigen Ort wie der Augustusbrücke, sollte man bei Minusgraden vermeiden. Und ich wollte sowieso weiter in die Neustadt.

Blick von der Augustusbrücke

Wie immer vor meinen Reisen hatte ich mich im Freundes- und Bekanntenkreis in puncto Hotspots informiert und man hatte mir einen Abstecher in die Neustadt nahegelegt. Szenig, lässig, alternativ und total anders als die Altstadt, lauteten die Empfehlungen. Meinen Weg dorthin unterbrach ich exakt dreimal:

Der erste Stopp erfolgte am Neustädter Markt (4). Zum einen musste ich mir am dortigen Weihnachtsmarkt einen Maiskolben gönnen, zum anderen kam ich nicht drumherum, den goldenen Reiter zu begutachten. Ich habe eine

Schwäche für Gold. Nicht, dass ich mir 5.000 Euro teure Ohrringe anhängen müsste – mal abgesehen davon, dass ich weder den Geldbeutel noch den Mann dazu habe. Ich mag einfach die Optik, Gold hat etwas Edles, Faszinierendes. Der goldene Reiter sieht übrigens nicht nur gut aus, sondern stellt den sächsischen Kurfürsten und polnischen König August den Starken dar.

Der Goldene Reiter funkelte in der Sonne.

Das Japanische Palais und seine inneren Werte

Mein nächster Zwischenstopp auf dem Weg zur Neustadt war das Japanische Palais (5). Hier lassen sich berühmte Kulturschätze Dresdens bewundern, so zum Beispiel die Porzellan- und Münzsammlung oder Wandmalereien aus Pompeji.

Allerdings ist das Gebäude nicht ganz so spektakulär geworden, wie von August dem Starken ursprünglich geplant, denn er wollte eigentlich ein Porzellanschloss errichten lassen. Ich fand die schließlich erbaute Alternative durchaus ganz passabel. Wie üblich zählen vor allem die inneren Werte, die etwa mit dem Museum für Völkerkunde und wechselnden Ausstellungen als durchaus hochwertig sind.

Ich schlich mich ums Haus und kam mir fast wie ein Einbrecher vor. Im Gegensatz zu den bislang besuchten Sehenswürdigkeiten traf ich hier auf keine Menschenseele. Statt mich lange zu fragen, warum das so war, lief ich weiter – wahrscheinlich hatte ich schlichtweg Glück. *„Soll ich mal ein Foto von Ihnen machen? Dann haben sie eine Erinnerung"*, fragte plötzlich ein freundlicher Anzugträger einen Passanten. Ich grinste. Zum einen über den herrlichen Dialekt, zum anderen, weil weit und breit kein berühmtes Bauwerk oder Ähnliches in Sichtweite war. Aber ein nettes Foto mitten auf einer Dresdener Seitenstraße kann ja durchaus eine schöne Erinnerung sein.

Kein Porzellanschloss, aber trotzdem schön: das Japanische Palais

Der Zwillingsbrunnen „Stürmische Wogen" und „Stilles Wasser"

Mich wollte leider niemand fotografieren, somit musste ich mich höchstpersönlich um meine Erinnerungsstücke kümmern. Zu diesen gehörte seit zwei Sekunden ein Bild der Zwillingsbrunnen „Stürmische Wogen" und „Stilles Wasser" von Robert Diez am Albertplatz (6), meinem dritten Stopp auf dem Weg in die Neustadt. Die beiden Brunnen zeigen mit ihren Figuren, wie unterschiedlich Wasser sein kann.

Zwillingsbrunnen „Stürmische Wogen" und „Stilles Wasser"

Und juhuuu, einWegweiser verriet mir, dass ich gleich in der <u>Neustadt</u> (7) ankommen würde. Ein letztes Mal musste ich die Straße überqueren – nur allzu gerne ließ ich mich von den herzallerliebsten Ost-Ampelmännchen dirigieren. Die grünen und roten Gesellen sehen einfach weit knuffiger aus als ihre westlichen Kollegen.

Die Neustadt – einfach anders

Ja, es ist ganz nett in der Neustadt und tatsächlich empfand ich das Flair als völlig anders als in der Altstadt. Während man in der Altstadt gar nicht weiß, welches historische Bauwerk man als Erstes bewundern soll, erspähte ich in der Neustadt nicht viele Sehenswürdigkeiten. Es ist die Atmosphäre, die den Reiz dieses Stadtteils ausmacht. Ich jedenfalls war äußerst angetan, vor allem abends dürfte sich ein Besuch lohnen, denn es gibt dort jede Menge Studentenkneipen und Bars.

Szenig, aber nicht viele Sehenswürdigkeiten: die Dresdner Neustadt

Kultur in der Altstadt: Semperoper, Zwinger und Frauenkirche

Mit dem Vorsatz, mir irgendwann in diesem Leben in der Neustadt noch einen Cocktail zu gönnen, tingelte ich wieder zurück in die Altstadt, denn es warteten noch ein paar Kulturkracher auf mich. Immerhin konnte ich Dresden auf keinen Fall verlassen, ohne Zwinger, Semperoper und Frauenkirche besucht zu haben.

Die Semperoper – ein Spiel in drei Akten

Also marschierte ich zurück und nach 20 Minuten stand ich fast ehrfürchtig vor der weltberühmten Oper (8). Ich inspizierte das Bauwerk im Stil der italienischen Hochrenaissance etwas genauer. Zugegeben, für Kultur und Klassik habe ich nicht viel übrig, aber tief in mir mussten sich wohl doch ein paar Sympathien für dieses Genre verstecken. Jedenfalls buchte ich in Gedanken ein Ticket für Verdis Don Carlo und shoppte das passende Abendkleid. Da ich meine Sinne wieder zusammentrommeln musste, setzte ich es auf die Liste „bis 40 erledigt haben". Fünf Jahre dürften für mein Vorhaben ja hoffentlich ausreichen.

Ich bewunderte die Semperoper nur von außen.

An diesem Tag führte ich mir ergänzend die sechs Herrschaften an der Außenfassade zu Gemüte, immerhin allesamt große Berühmtheiten. Neben den allseits bekannten Gesichtern von Schiller, Goethe und Shakespeare zieren Sophokles, Molière und Euripides das beeindruckende Operngebäude. Die Semperoper, die man heute bewundern kann, ist übrigens die dritte Version. So errichtete Gottfried Semper zwischen 1838 und 1841 das „erste" Operngebäude, selbiges fiel allerdings im Jahre 1869 einem Brand zum Opfer. Der danach errichtete zweite Bau wurde 1945 bei Luftangriffen zerstört. Da sich der anschließende Wiederaufbau äußerst zeitintensiv gestaltet hatte, öffnete die Semperoper erst im Jahre 1985 ihre Pforten erneut.

Vor der Semperoper befindet sich der Theaterplatz mit Reiterstatue.

Der Zwinger und sein bezaubernder Innenhof

Viel Zeit hatte ich nicht, um die Eindrücke von der Semperoper sacken zu lassen. Denn quasi gegenüber befindet sich der Zwinger (9), ein weiteres Wahrzeichen von Dresden. Ich trat durch den Eingang und stand etwas hilflos im Innenhof. Ich wusste gar nicht, wohin ich zuerst blicken sollte. Allein das Barockgebäude ist eine solche Augenweide, dass bereits der Anblick von außen faszinierend genug war.

Kulturliebhaber sehen das ganz bestimmt anders, denn innerhalb der geschichtsträchtigen Mauern finden sich mit der Gemäldegalerie „Alte Meister", der Rüstkammer und Porzellansammlung sowie dem Mathematisch-Physikalischen Salon herausragende Attraktionen. Ich beschränkte mich allerdings auf das zauberhafte Flair im Innenhof.

Winterliches Zauberflair im Innenhof des Dresdner Zwingers.

Frauenkirche und die Verlockungen des Striezelmarktes

Fast beging ich noch einen folgenschweren Fehler: Ich wählte den Weg zur Frauenkirche (11) so, dass er mich am Striezelmarkt (10) vorbeiführte. Und ausgehungert wie ich war, hätte ich um ein Haar mein Sightseeing mit hemmungsloser Völlerei vorzeitig beendet. Zum Glück konnte ich den letzten Funken Enthusiasmus für ein berühmtes geistliches Gebäude reanimieren und schaute schließlich nach oben, hinauf zur circa 95 Meter hohen Spitze der Frauenkirche. Ähnlich beeindruckt hatte mich in der Riege der Gotteshäuser nur der Kölner Dom.

Die Frauenkirche in ihrer vollen Pracht

Um die 1.600 Personen passen in die Frauenkirche, die im Jahre 1743 unter den Fittichen von Georg Bähr fertiggestellt wurde. „Frau" steht übrigens für die Mutter Gottes – nicht dass noch jemand glaubt, der Eintritt sei der holden Weiblichkeit vorbehalten... Andächtig und fröstelnd ging ich nun um das grandiose Gebäude. Auf dem Rasen zwischen der Frauenkirche, dem Albertinum, der Synagoge und der Kunstakademie, fand ich eine Ansammlung von Schildern mit den Namen vieler Künstler – fast wie eine Ausstellung, die für eine Ausstellung wirbt.

Schilder mit Künstlernamen

Mit einem leichten Lächeln im Gesicht schlenderte ich zum Abschluss durch den Brühlschen Garten (12) am Terrassenufer, blickte auf die Elbe und genoss diesen wunderschönen Tag. Und zugegebener Maßen auch mein Schafskäse-Fladenbrot – mit viel Knoblauch, versteht sich. Das hatte ich mir noch auf dem Weihnachtsmarkt gegönnt. Anschließend freute ich mich auf meinen reservierten Platz im Zug nach Hause.

Festung Dresden und Brühlsche Terrassen

Mein Fazit

Ein Bummel durch die Dresdener Altstadt ist wie eine große Sightseeing-Tour. Ein imposantes Bauwerk reiht sich an das nächste – Kulturliebhaber kommen voll auf ihre Kosten. Eine tolle Abwechslung und originelle Kneipen findet man in der Neustadt. Darüber hinaus hat mich die Herzlichkeit der Menschen sehr beeindruckt.

Meine Bewertung:

Sightseeing:

Verkehrsmittel:

Essen & Trinken:

Shopping:

Links zu Dresden

Residenzschloss: http://www.skd.museum/de/museen-institutionen/residenzschloss/index.html

Münzkabinett: http://www.skd.museum/de/museen-institutionen/residenzschloss/muenzkabinett/index.html

Neustädter Markt: http://www.neustaedtermarkt.de/

Japanisches Palais: http://www.skd.museum/de/museen-institutionen/japanisches-palais/index.html

Semperoper: http://www.semperoper.de/

Dresdner Zwinger: http://www.der-dresdner-zwinger.de/

Frauenkirche Dresden: http://www.frauenkirche-dresden.de/

Neustadt: http://www.dresden-neustadt.de/

Striezelmarkt: http://www.dresden.de/de/05/02/veranstaltungen/04-Weihnachten-in-Dresden.php?shortcut=Striezelmarkt

Bildnachweis

Alle Bilder innerhalb dieses Buches stammen von:

•Martina Dannheimer

•OpenStreetMap und Mitwirkende, CC BY-SA

•jara3000:   http://www.shutterstock.com/pic-132687290/stock-vector-high-heel-shoes-silhouette.html?src=csl_recent_image-1

Lesetipps

Lust auf mehr Reiseabenteuer? Hier finden Sie weiteren spannenden Lesestoff aus unserem GRIN & Travel Programm:

1 Tag in …

von Martina Dannheimer

Für einen Tag raus aus dem Alltag und ab in eine große Stadt. Die Journalistin und Bloggerin Martina Dannheimer liebt das Speeddating mit den großen Metropolen Europas. Sightseeing, Shopping, leckeres Essen und Kultur – sie packt alles in einen einzigen Tag. Und so ganz nebenbei wirft sie ein prüfendes Auge auf die Männer der Stadt.

Mit Humor und einem Fünkchen Selbstironie nimmt die Autorin Sie mit auf ihre Sightseeingtour, die passenden Stadtkarten zum „Nachwandern" sind auch gleich mit dabei. Dazu liefert sie jede Menge praktische Tipps, die mit aktiven Links ins Internet versehen und somit direkt aus dem E-Book heraus aufrufbar sind. So können Sie Ihren nächsten Kurztrip mit stets aktuellen Informationen perfekt vorbereiten.

Aus unserer Städte-Reihe:

1 Tag in Berlin; ISBN: 978-3-656-40911-3

1 Tag in Dresden; ISBN: 978-3-656-40908-3

1 Tag in Hamburg; ISBN: 978-3-656-40971-7

1 Tag in Heidelberg; ISBN: 978-3-656-42594-6

1 Tag in München, ISBN: 978-3-656-42791-9

1 Tag in Köln, ISBN: 978-3-656-42787-2

Jetzt kaufen auf travel.grin.com.

Aus dem Inhalt: Hauptstraße, Anatomiegarten, Marktplatz, Karlsplatz, Kornmarkt, Heidelberger Schloss und Schlossgarten, Heidelberger Universitäten.

ISBN: 978-3-656-42594-6

Jetzt kaufen auf <u>travel.grin.com</u>.